Mit links

Mit links

Haikus

Hauke Preuß

Books On Demand

© 2014 Hauke Preuß
Herstellung und Verlag:
BOD - Books On Demand, Norderstedt
ISBN 978-3-7322-8433-7
Bibliographische Information Der Deutschen
Nationalbibliothek:
Die Deutsche Nationalbibliothek verzeichnet diese
Publikation in der Deutschen Nationalbibliographie;
detaillierte bibliographische Daten sind im Internet unter
http://www.dnb.de abrufbar.

Der Anfang ist schwer

Verschafft man sich kein Gehör

Schnell ist er schon fort

Mal ist viel zu viel

Und wenig reicht oft nicht aus

Drum sei genügsam!

Ich stand vor der Tür

Konnte sie doch nicht öffnen

Der Schlüssel bei ihr

In sternklarer Nacht

Fuhr die U-Bahn mir davon

So musste ich geh'n

Rote Wände nur

Voll Tomaten und nicht Blut

Klingeln an der Tür

Haar der Katze hier

Sinkt sanft auf meinen Kaffee

Bleibt hängen im Hals

Hand die sich erhob

Im Zorne gegen den Spross

Welk nun auf dem Bett

Radio leise

Nur ein Säuseln im Äther

Später dann Stille

Sprache nicht Worte

Verfolgt uns überall hin

Bis Gesten reichen

Mit links erledigt
Das kam ihm niemals unter
Er baut mit rechts auf

Frei von Eis und Schnee
Der Weg liegt sauber vor mir
Fehlt der erste Schritt

Das Leben es sprießt
Hunde bellen vor sich hin
Den Katzen geht's gut

Wie Öl auf Seele
Und die Kehle voller Bier
Steh'n wir und warten

Meine Nase läuft

Die Augen voller Tränen

Doch die Zwiebel schweigt

Die Bürde der Zeit
Ist von allen zu tragen
Soweit es nur geht

Von allen Dingen
Ob zu groß oder zu klein
Trifft es die Mitte

Ich warte auf dich
Auf den leisesten Pfaden
Wird es mir zu laut

Das Fenster ist auf
Vögel zwitschern im Frühling
Der Regen ist nah

Ein Stuhl auf dem Berg
Niemand lässt sich dort nieder
Der Wind weht ihn um

Ein Stein auf dem Grund
Des Sees in dem ich bade
Was sucht er dort nur?

Kerzenlicht flackert
Die Flamme verschwimmt vor mir
Tränen im Auge

Die Zeiger der Uhr
Bewegen sich langsam
Der Bus fährt zu spät

Scharf ist die Sauce
Die zum Fisch uns gereicht wird
Ein Brennen im Herz

Der Schatten der Welt
Vor den Mond sich geschoben
Bald ist es soweit

Die Hand auf dem Haupt
Als wollte ich dich segnen
Das fällt mir nicht ein

Das Eis auf dem Fluss
Schwimmt der Mündung entgegen
Nimmt die Sehnsucht mit

Kein Bier im Hause
Ich bin fast am verdursten
Zum Glück gibt's Wasser

Ein trüber Nebel
Legt sich leise auf das Land
Versteckt es vor sich

Der Topf auf dem Herd
Kocht sacht das Fleisch vor sich hin
Der Abend wird gut

Fliege an der Wand
Scheint mich zu beobachten
Dann schwebt sie davon

Es macht mich nicht schwach

Das Elend anzublicken

Trotzdem schau ich fort

Die Kröte im Teich

Nicht schön mit ihren Warzen

Doch stört sie es nicht

Ein Schweigen im Raum
Hängt träge in der Ecke
Hebt zum Gruß die Hand

Die Wand starrt mich an
Das ignoriere ich leicht
Und nehm' den Pinsel

Falten im Gesicht
Nur ein Zeichen von Würde
Doch fühl ich mich alt

Du bist so weit fort
Die Sehnsucht wird noch größer
Je mehr ich dich seh'

Es gibt nur Wunder
In Zusammenhang mit dir
Ein Licht im Dunkel

Wenn ich an dich denk
Vergehen mir die Sorgen
Die Quelle der Kraft

Verirrt an der Tür
Ein Beutel höchst merkwürdig
Doch ich weiß von nichts

In der Küche fein
Das Mahl ist angerichtet
Die Feier beginnt

Auf dem Weg ein Frosch
Vom Auto überfahren
Ich trag ihn zu Grab

Das Licht verschwindet
Schon hinter dem Horizont
Der Tag ist vollbracht

Nichts ändert sich hier

Auch nach ewigen Zeiten

Lang passiert kaum was

Hoch über dem Meer

Schwebt der Kranich am Himmel

Ganz nah am Zenit

Es ist in Ordnung
Sagte sie leise zu mir
Strich sanft übers Haar

Er sieht grad nicht hin
Ich zog sie in die Ecke
Unser erster Kuss

Ich nehm' noch ein Bier
Gab ihr eins aus der Kiste
Es nahm seinen Lauf

Was ich jetzt denke
Flüstere du mir ins Ohr
Ist erst ab achtzehn

Die Zunge kreist schnell

An den Planeten vorbei

Ein rasender Stern

Ein Blitz durchzuckt uns

Stark wie tausend Raketen

Ein Pochen im All

Ein T-Shirt im Wind
Der Aufdruck nicht mehr lesbar
Ein Traum ist vorbei

Ich spüre dich kaum
So sehr ich mich auch sehne
Der Äther rauscht nur

Ich hab keine Lust
Auf diese Unsicherheit
Wohin ich reise

Der fahrende Zug
Ist schon wieder ein Thema
Erzählt nur von Leid

Das Sirren im Kopf

Ist bar jeder Erklärung

Es macht mich verrückt

Ob Obst oder Frucht

Wer mag es recht benennen

Ich beiß einfach rein

Summe ein Liedchen
Das mir durch den Sinn flattert
Dir leise ins Ohr

Ich blicke entrückt
Hab nie schön'res gesehen
Schnell ein Bild gemalt

Dichter sind Lügner
So wird es immer bleiben
Wer hält sie nur auf?

Die Wintersonne
Tunkt die Stadt in ihr Gleißen
Doch fröstelt es mich

Noch ein letztes Glas
Dann komm ich mit zu dir rauf
Wir schauen hinaus

Die Erinnerung
Folgt uns stetig durchs Leben
Schüttelt sie nicht ab

Von weitem sieht's aus
Als sei nichts Schlimmes passiert
Doch trügt hier der Schein

Haus gegenüber
Das Fenster hell erleuchtet
Dort ist noch Arbeit

Das Herz in der Hand
Die Blume welkt im Topfe
Es ist schon gleich sechs

Meine Nase läuft
Der Tropfen friert fast sofort
Ganz wie Kanada

Kritzeln auf Papier

Führt zu sonderbarem Ziel

Doch ahnt man es nicht

Auf Wiedersehen

Sagte sie leise zu mir

Und stieg in den Bus

Das Licht geht jetzt aus

Die Vorstellung soll starten

Nur der Strom fällt aus

Applaus brandet auf

Als der Vorhang herabfällt

Das Spiel ist jetzt aus

Ein Schuss in der Nacht

Vom Flutlicht hell erleuchtet

Knapp am Tor vorbei

Gedanken sind frei
Sie machen sich von dannen
Doch kommen nicht weit

Im silbernen Kleid
Treff ich sie an der Theke
Sie trug schlichtes Schwarz

Hier klares Wasser
Über meinen Körper rinnt
Ach sei ich doch wach!

Ein Versuch ist's wert
Diese goldene Flasche
In eins zu leeren

Die duftende Gans
Wie sie brutzelt im Ofen
Vergiss die Moral

Ich stehe am Fluss
Sehe die Fähre nahen
Bald bin ich hier weg

Die Blume im Haar

So tanzte sie in den Träumen

Die Beine sind lahm

Der Krüppel lacht auf

Sieht die hastende Masse

Zieht die Ruhe vor

Wenn wir Angst haben
Verstecken wir uns ganz schnell
Warum eigentlich?

Ein leises Säuseln
Als wie von ganz weit entfernt
Geistert durch den Raum

Ist es schon zu spät
Dir das Eine zu sagen
Die Hose ist auf

Salz auf der Zunge
Glas Tequila in der Hand
Limette und hopp!

Gab frische Muscheln

An den glücklichen Tagen

Im sonnigen Herbst

Nach all dieser Zeit

Und den ganzen Strapazen

Komm ich endlich an

Da wo ich nicht bin
Komm ich doch irgendwann an
Nur eben nicht jetzt

Ich hoffe es geht
Dir gut mit dem was du tust
Auch wenn der Schmerz bliebt

Schmutz an den Händen
Will einfach nicht verschwinden
Er klebt viel zu fest

Bleib immer bei dir
Sagte mein Vater sehr oft
Wenn er denn mal sprach

Wieder nicht genug

Die Leistung reicht hier nicht aus

So geht es nicht weiter

Ein Urlaubsfoto
Die Möwen jagen am Strand
Und abends gab's Fisch

Vergebliche Müh
Mich nicht mit dir zu streiten
Ich Wein du ein Bier

Den Berg bezwungen
Steh'n wir lächelnd am Gipfel
Wind in unsrem Haar

Schon lang toter Fisch
An dem Vögel noch picken
Liegt vor mir im Sand

Schnee fällt im Hochland

Noch am Ende des Frühlings

Der Sommer wird kalt

Ein torfiger Drink

Mundet mir ganz vorzüglich

Du spuckst ihn nur aus

Ein Tee in Ehren
Ergraut auf dem Samtsofa
Noch ist er zu heiß

Staubkorn im Auge
Die einzige Erklärung
Für meine Tränen

Senf auf die Würstchen
Drum steh'n wir an der Bude
Das Spiel geht grad los

Ohren betäubend
Brandet der Jubel nun auf
Er schreitet empor

Kuss auf die Wange
Zum Abschied für lange Zeit
Die Zunge bleibt drin

Der Zug ist zu spät
Wie könnte es anders sein
Kein Anschluss mehr da

Alles in Allem
Sagte der Weihnachtsmann da
Bleibt es beim Alten

Ein Schlag ins Kontor
War die Verwüstung des Orts
An dem es begann

Der glücklichste Tag
In seinem armen Leben
Fiel ihm nicht mehr ein

Den Tod vor Augen
Kam der Wagen auf mich zu
Dann ein Schritt zurück

Hin und her und hin
Wie ich mich drehe und wende
Es nimmt kein Ende

Der Name zählt nicht
Das Gesicht ist wichtiger
Das Innere wirkt

Klares Verhältnis
An trüben grauen Tagen
Zwischen den Jahren

Nicht so kleinkariert
Geschweige denn gleich verklemmt
Meine Stimmung sinkt

Die Aufwärmphase
Eines jeglichen Festes
Dauert hier nicht lang

Sich neue Ziele
Zu stecken macht sie sehr stolz
Ein neues Getränk

Der Putz bröckelt ab

Schon seit Jahren von der Wand

Die Farbe wartet

Wie herrlich es ist

Wenn der letzte Tropfen fällt

Der Stein ausgehöhlt

Ein uralter Feind

Wird am Ende zum Freunde

Nur für kurze Zeit

Vor Behaglichkeit
Konnte sie sich kaum retten
Und schnurrte mich an

Einst auf der Elbe
Mit der Fähre hinüber
Dann ging ich an Land

Ein trüber Spiegel
Der Bart lang nicht rasiert
Das Klo ungeputzt

Spüle voll Schimmel
Und Balkon voller Flaschen
Mit Schuhen ins Bett

So ein Theater

Was hat er sich vorgemacht

Der Vorhang fiel früh

Kein Klatschen hört man

Nichts tönt aus dem Publikum

Noch nicht mal ein ‚Buh'

So schleicht er hinfort

Verbeugt sich vor der Leere

Sein einziger Gast

Rückzug zum Kühlschrank

Kein Essen nur Flüssiges

Ein Seufzen im Steh'n

Kein Kraut gewachsen
Gegen den Schmerz von damals
Als das Bein mir brach

Allein auf dem Steg
Den Forellen zunicken
Ein Stift in der Hand

Genügsames Blatt
Schwebt zaghaft Richtung Boden
Auf ihm ein Gedicht

Im Gegenverkehr
Verliere ich den Faden
An dem vieles hängt

Zieh den Vorhang zu
Und blase die Kerze aus
Zeit ist es zu ruh'n

Dein nackter Rücken
Von der Schulter zum Becken
Er ist ganz zerkratzt

Mein Finger wandert
An deinen Wirbeln entlang
Entfacht einen Sturm

Sterne sie sprühen
Vom Arm in die kalte Luft
Verglühen danach

Sonnenschein blendet

Mich jetzt bei meiner Arbeit

Doch das stört grad nicht

Der Duft des Kaffees

Kitzelt in meiner Nase

Als das Lid ich heb

Ein Klang von damals

Gleich einem Lied von dereinst

Vom alten Tonband

Ein Kläppchen geht auf

Hatte Süßes verborgen

Hinein in den Mund

Ein sanftes Pfötchen
Legt sich sacht auf ihre Hand
Lächelnd erwacht sie

Nur ein Krümelchen
Zwischen dem Laken und ihr
Macht den Unterschied

Regenbogengleich
Fast das ganze Farbspektrum
All das was ich seh'

Was verborgen bleibt
Unter der Oberfläche
Siehst ganz allein du

Konzentration auf

Einen Baum im dunklen Wald

Herr Uhu sitzt dort

Jedes Jahr wieder

An diesem besond'ren Tag

Feiert er leise

Fokus im Dunkel

Auf diesen speziellen Stern

An glänzender Haut

Im einsamen Haus

Das am reißenden Strom steht

Findet sie zu sich

Noch zittert die Hand

Behutsam streckt sie sich aus

Greift in die Leere

Sucht zaghaft den Weg

Zögerlich wo sie hinwill

Mag's nicht eingesteh'n

Die Haare steh'n hoch

Spannung sirrt im ganzen Raum

Zeigt ihr die Richtung

Seufzend liegt sie da

Hat es schon immer geahnt

Fasst schließlich den Mut

Boden nicht gewischt
Staubmäuse tanzen umher
Hauptsache Urlaub

Dann sah er nur rot
In den Finger geschnitten
Kein Pflaster zur Hand

Koffer schon gepackt
Auf dem Weg zu der Liebsten
Schlüssel vergessen

Wie ein Ausdruckstanz
Wirkt es in der Kloschlange
Nach sieben Kaffee

Finger eng verschränkt

Der kalte Krankenhausflur

Ob sie wohl durchkommt

Operationen

Sie kann sie kaum noch zählen

Niemals Routine

Riecht nach Gesundheit

Soll zumindest kaschieren

Dass alles krank ist

Das Licht viel zu grell

Um sich hier zu erholen

Schalt' es aus und geh

Ob es wohl geschieht
Nach all dem Umherwandern
Ein Wunder zu seh'n

Blume am Boden
Die Blätter ringsum verstreut
Regen spült sie fort

Ein stechender Schmerz
Spitze Nadel im Teppich
Ohne Schuh erwischt

Die Nägel zerkaut
Das Monster vor der Tür steht
Klopft ganz leise an

Die Laken zerwühlt

Wäsche in jeder Richtung

Socken vergessen

Ein süßlicher Duft

Von tausenden Teelichtern

Um den Ort der Lust

Rot ist die Aura

Golden das Licht in der Luft

Heiß Atem und Herz

Zart glänzend der Schweiß

Auf der Stirn und dem Rücken

Und ein dunkler Fleck

Zu jung doch zu klug
Machte sie sich gar nichts vor
Ging alles zu schnell

Der Knoten platzte
Nicht plötzlich sondern langsam
Er löste sich auf

Freiheit von und zu
Tun und lassen was ich mag
Manchmal eben nichts

Die Sache wie folgt
Spur führt nur in die Irre
Versuch ist es wert

Aus Schaden klüger

Als zuvor ohne Wagnis

Man lebt zum Lernen

Die Honigfalle

In sie getapst wie ein Bär

So unfassbar süß

Der Sittich hört zu

Wie ich ein Lied versuche

Doch stimmt er nicht ein

Sein Kopf ist so schwer

Das Schnäblein bleibt geschlossen

Wie ich mich bemüh!

Es gibt kein Leben
Das zu führen richtig scheint
Nur das Leben übt

Vor Hamburgs Toren
Wie auch seinem weisen Haupt
Sind hier alle gleich

Sie klammerte sich
An den Wunsch an das Gute
Das in jedem wohnt

Feedbackgewitter
Aus tausenden Lautsprechern
Prasselt auf mich ein

Kein Schutz vor dem Sturm
Bis auf die Knochen durchnässt
So steh ich vor dir

Ach, wie gut es tut
Dich nach all diesen Jahren
Hier vor mir zu seh'n!

Ich dreh mich zu dir
Wache still über den Schlaf
Staune wie du träumst

Dein Brustkorb hebt sich
Kann mich nicht dran satt sehen
Mein Mund leicht offen

Auch die längste Nacht
Geht zur Enttäuschung beider
Schließlich vorüber

Ein Film auf der Haut
Als sei er drauf projiziert
Läuft in meinem Kopf

Die Quittung dafür
Dass wir zu sorglos waren
Liegt schlafend im Bett

Ein Schauspiel famos
Für die Arbeiter ein Spaß
Doch leider verpasst

Von wegen zu kalt
Reibung erzeugt doch Wärme
Verdammt war das heiß!

An helllichtem Tag
Eine Irrfahrt durch die Stadt
Zum Schäferstündchen

Am alten Bahnhof
Mit seinem morbiden Charme
Endlich alleine

Dieses letzte Mal
Animalisch Aufbäumen
Wir lassen nicht los

Zwischen den Augen
Liegt ein großes Geheimnis
Es nennt sich Gehirn

Schönheit von Innen
Ist uns allen gegeben
Doch vor allem Dir!

Ich erinner' mich
An das Leuchten der Augen
Bei diesen Worten

Wie Olivenöl
Schien es zwischen den Schenkeln
In diesen Nächten

Paris im Sommer
War so einsam ohne dich
Nur Musik tröstet

In die Schule nicht
Zurückkehren möchte ich
Für jede Summe

Hopfen und Malz sind
Verloren so sagt man wohl
Zumindest bei mir

Die Sonne brannte
Unbarmherzig hernieder
Ich trug keinen Hut

Als sei es Wüste

So fühlte es sich mir an

Der Ort wo du gingst

Blutunterlaufen

Die Augen so steh ich hier

Am letzten Tage

Schon wieder eins durch

Wo soll das denn nur enden

Mein Kopf schmerzt mir schon

Nichts ist geändert

Doch den Versuch war es wert

Hätt ja sein können

Danke für die Zeit

Die wir verbringen durften

Ich hab nichts bereut

Es hat nicht sein soll'n
So red' ich es mir jetzt ein
Damit es gut geht

Ich hab's dir gesagt
Aus voller Überzeugung
Stets ehrlich gemeint

Wollte ich zu viel
Von dir und von uns beiden
Das wird der Grund sein

Du stehst am Himmel
Dann fällst du sternschnuppengleich
Hier in meinen Schoß

Ein letztes Mal nur
Diese Haselnussaugen
Darin ertrinken

Dann weitergehen
Die Fenster weit aufreißen
Und alles mit links!